잃어버린 향기

최민옥 시집

잃어버린 향기

초판1쇄 인쇄 · 2018년 10월 05일
초판1쇄 발행 · 2018년 10월 10일

지은이 · 최 민 옥
펴낸이 · 윤 영 희
주 간 · 이 현 실

펴낸곳 · 도서출판 동행
등록번호 · 2011. 6. 8. 제301-2011-098호

서울시 중구 을지로 14길 16-11
편집부 · (02) 2285-0711
영업부 · (02) 2285-2734
팩 스 · (02) 338-2722
이메일 · gongamsa@hanmail.net

값 10,000원

ISBN 979-11-5988-007-0

* 잘못된 책은 서점에서 교환해 드립니다.

家訓

글을 쓰는 마음

壬辰初春 蕙田

□ 글말 : 최 민 옥

□ 글씨 : 白橋/蕙田 권혁승 회장

□ 은유적 의미 : 몰입(Flow)

· 몰입(Flow) : 물 흐르듯 행동이 자연스럽게 이루어지는 느낌이 드는 순간 ―칙센트 미하이

비움과 채움의 소통 · 배려의 공간

프롤로그

내 삶에 있어서 글을 쓴다는 것은 평생 희열이자 꿈이었다. 인동초의 섬에서 태어나 순탄치 않은 금융인으로 39년, IMF 사태의 은행 퇴출 등을 겪으면서 늘 벼랑 끝에 서 있던 기억들이 주마등처럼 떠오른다.

고된 시련과 忍苦의 아픔이 문학인의 삶이란다. 사색과 상상 그리고 창조의 삶이 어찌 한낱 육신의 덧난 상처 치유의 고통에 비유되겠는가. 인생 마루를 넘어 갑년의 해에 들어서 행복의 또 다른 시작이기에 나만의 유토피아를 즐기려 한다.

'글을 쓰는 마음'이란 글말은 우리 가족들이 각자 하는 일에 몰입하자는 의미의 삶의 방향이다. '먹고사니즘'이 가장 중요한 일로 여기는 시절 잠시 내려둔 세월이 40여 년이 흘렀다.

짧지 않은 은행생활을 뒤로 하고 새로운 삶에 있어서 오랜 동안 곳간에 넣어둔 시간들을 꺼내어 다듬고자 한다. 직장생활보다 더 큰 고통이 문학인의 길이지만 마루의 삶이 비탈길이면 어떻고 고샅길이면 어떠랴. 삶이란 자신만의 크기만큼 흔적을 남기며 한 바퀴 빙 도는 것, 문인의 길이 끝없는 인내임을 깨닫는 순간 행복은 늘 내 가까이에 있고 주변에 흩뿌려져 있음을 만끽한다.

청춘시절 글을 쓴다고 끄적거렸던 몇 편의 시 모음과 은행 재직 기간 중 틈틈이 메모해 둔 기억들을 더듬어 부끄럼이 앞서지만 세상에 내놓는다. 인왕산과 안산 자락길을 산책하고 여행지에서 느낀 수많은 날들에 대한 나만의 기억과 경험, 감정과 정서들이 겹겹이 포개져 있다. 이런 것들이 내 안에 내재한 생각과 상상으로 날개를 펴면 나만의 향기로운 삶이 된다. 모아둔 글과 사진을 함께 내 마음속 깊이 담았다.

꿈같은 시어들을 만날 때마다 가슴 떨리고 무한의 기쁨을 느낀다. 앞으로도 이런 마음과 감정이 스쳐 지나간 인연과 함께 앨범 속의 묵은 사진처럼 잊혀지지 않고 오래도록 가까이 곁에 두고 살았으면 한다.

첫 시집을 내기까지 가까이서 지켜봐 주시고 용기를 북돋워 주신 백교 권혁승 회장님을 생각한다. 또한 곁에서 따끔한 회초리와 더불어 용기를 북돋아 준 사랑하는 아내와 가족들, 나를 기억하는 많은 분들께 감사드린다.

긍정의 삶 함께 나누고 싶다.

2018년 가을

인왕산 기슭에서 **최 민 옥**

◆ CONTENTS ◆

삶을 비비다

3 세상을 찍다

시간의 되돌림

5 짧은 수필

1부

생각을 그리며

섬, 하의도 / 행복한 만남 / 쪽갈비 / 일맥(脈)과 글맥(脈) /
생각을 그리며 / 행복의 의미 / 여행이란 /
구름과 파도의 노래 / 천겁과 삶에 따라 달라지는 친구 /
겨울예찬 / 그 옛길 / 값을 치르다 / 귀로 말하다 /
답이 없는 질문 / 뛰지 마세요 / 보물찾기 /
산에서도 A3 등급이었으면 / 인동초(忍冬草) 삶 /
GAP YEAR / 설레는 제2인생의 출발점에서 /
굴곡이 있는 삶 / 친구 사이

섬, 하의도

보고플 때면
아련한 꿈속에서만
그리던 섬, 점 하나
하의도

밀물과 썰물이 질 때면
번갈아 가며
추한 엉덩이 다 내보이고

파도가 구름과 어울려
춤을 추네

이제는 긴긴 세월
홀로 앉아 있다가
문명이랍시고
덜커덩 다리 놓아

외로움
달랠 시련도 없다네
맘은 어느덧 망매산
중턱에 서성이는데

망매산(望梅山) : 신안군 하의면에 소재한 산

행복한 만남

글 쓰는 게 좋아서
사진 찍는 것은 더욱 좋아서
우린 그렇게 만났다

눈 오고
비바람 불고
천둥번개가 치면 더욱 좋다

사진은
자신이 생각하는 것을 찍는다고 한다
함께한 시간의
소중함을 잊지 않고
마음이 비어 있을 때
사진 찍고 글 쓰는 모습으로 다시 만나자
우연히, 자주

쪽갈비

꾸벅이는 술객은
자시를 재촉하고

문객은 북적인데
잔은 비었네

저 멀리 강진 생태공원 재첩은
어디로 시집 갔노

가우도 청자가마에서
잠자리 몇 마리 내려온다

강진만 갈대숲은
아낙네 치마폭인 양 흔들거리고

다산 벚꽃은 향기로운데
벚꽃 심던
그 관리는 어디메요

밤새 기울이던 청자 술잔 속 웃음소리
쪽갈비 맛과 어울려 춤을 추네

쪽갈비 : 소나 돼지의 열두 개 굽은 뼈와 살을 지칭하는
남도의 語句

일맥(脈)과 글맥(脈)

일생을 다 바쳐서

전부인 줄만 알고
뒤돌아볼 틈새도 없었네

떠나면 영영 떠나면

맘 내킬 때
잡을 끈마저 없는데

삶에
곁눈질이라도 할 걸

일맥이 아닌 글맥인 줄
이제야 느끼니

저녁노을 바라보며
멋진 만남을
꿈꿔보자

생각을 그리며

매화꽃 피는 젊은 시절
일상을 성취에 대한 꿈의 실현에
한정된 시각에서 보내는
외줄기 삶이라면

베이비부머 시대의 제2인생 시작은
평생 하고픈 일에 대한 자신만의 생각을
무한히 그려내는
광활한 평야의 희망에 찬 시간

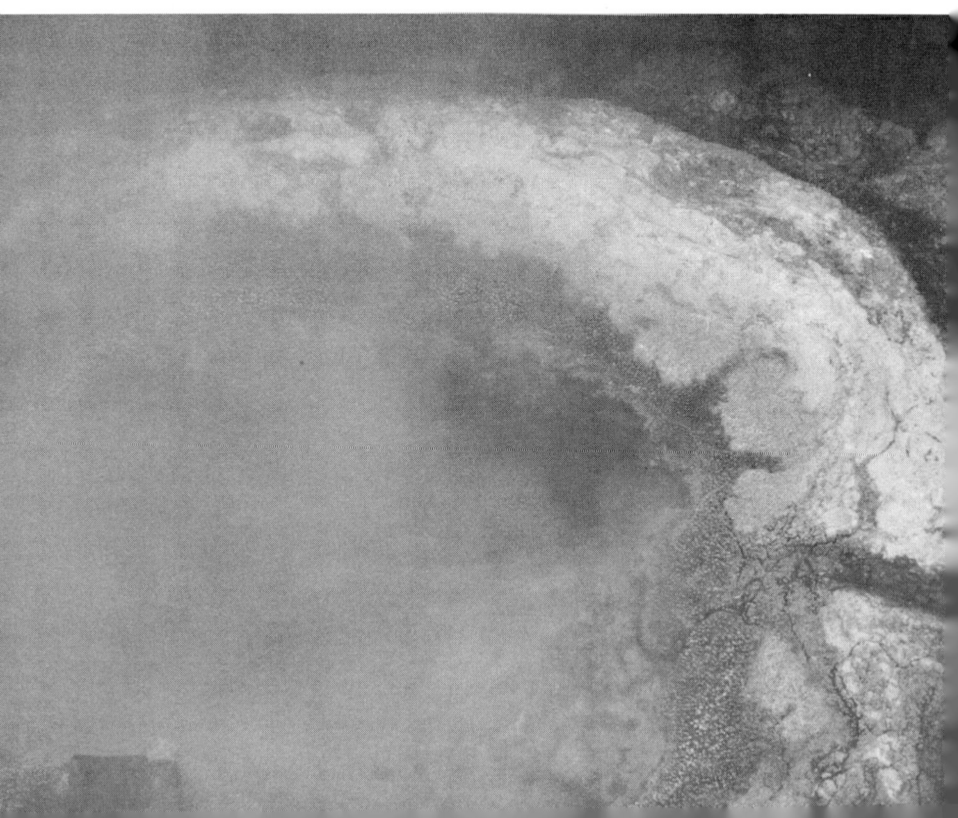

그 꿈을 그리는 것과
작은 소망을 이루는 것은
오롯이 자신의 몫
풍족하였던지 아쉬웠던지
지난 과거의 삶은 흘려보내도 되지

생각을 그리는 꿈은
달콤하며 향기롭고
목숨 걸고 참치 잡는 어부들의 손맛이지만
그 맛은 탕약이다

베이비부머 시대 홀로서기는
풍요로운 삶의 새 출발이요
자연과 사회에 온전히 아름답게 돌려줌의 큰 몫이다

행복의 의미

행복에는
주머니가 있다

넘치면
통째로 흩어지고

빈약하면
나눌 것이 없다

편안하고
나눌수록 정겨운

행복의 주머니는
늘 우리 곁에 있다

그 행복은
나눌 마음만 있으면 된다

진정한 의미의
참 행복이란

크기에 있지 않고
나눔에 숨어 있다

여행이란

여행이란
삶을 살찌게 하는 것
지나온 과거도 돌아보고 먼 내일을 생각하고
세상과 더욱 가까워지는 것
주거니 받거니 삶을 넉넉하게 하는 것

숲길에서 만나는 새로움인가
일상의 부족함을 채워주네
매화꽃 지고나면 목련이 그리운 듯
소녀의 환한 부푼 마음 같은 것

혼자만의 떠나는 시간 속 그리움인 듯
꿈이 살아 가슴을 쿵쾅거리게 하는 것
거친 아픔이면
더욱 달콤하고 향기로운 맛과 멋

여행이란
느낌이 있는 한 시간 멈춤이요 설렘이다
특별한 시선의 살맛나는 이들처럼
여행의 묘미를 느낄 때면

구름과 파도의 노래

쿵 쾅 쿵 쾅
으르렁 으르렁
쏴아 쏴아
고요하던 새벽녘에
구름과 파도의 노래가 들려온다

저 멀리
산들도
덩달아 바다처럼 출렁인다

늦잠에 빠진 모래는 바다를 품고
수줍은 듯 어린 햇빛은 구름 뒤에 숨었다

구름과 파도는
언제나
다정한 형제다

천겁과 삶에 따라 달라지는 친구

삶을 영위함에 있어
술이란
대부분의 사람들이 곁에 끼고 산다
때론 달래기도 하고 기쁨과 환희를 안겨주지만

애주가가 금주하면 자연히 그 자리를 피하게 되고
그 불편함은 나보다 상대방에 있다

술을 멀리하면
굳이 만나야 할 이유도 반가움도 시들해진다

직장 다닐 때 주변에 많던 친구들도
일과 술로 만난 친구들이라
일은 떠나고 술을 절제하면 만날 이유가 밋밋해져

나이와 세월에 따라 친구도 달라져야 한다

나이가 들면서 필요한 친구는
자신의 약하고 못난 허물을 털어놓을 수 있는
그의 아픔이 내 아픔이 되는 그런 친구가
평생을 함께할 좋은 친구다

나에게 어울리고 향기 나는 친구는
내 가슴속에 깊숙이 숨어 있다

내가 먼저 말을 걸어보고 싶은 친구,
그가 진짜 삶을 함께 즐길 아름다운 친구다

겨울 예찬

계절 중에서도
나는
겨울을 유난히 좋아한다

겨울은 하얀 눈으로 뒤덮여
마음 설레는 계절이기도 하지만
삶에 있어 지난날들을 회상할 수 있는
좋은 계절이기도 하다

폭설이 내리던 날
흩날리는 눈밭에서 발이 얼어붙은 경험은

아무에게나 허락하질 않는다

10여년 전 백두산 종주 때
좋은 산은
아무에게나 보여주질 않는다는
동행 산악인의 이야기가 마음을 뭉클하게 한다

그때, 그 기억을 나는 지금도 가슴속 깊이 묻어두고
삶이 지루해지거나 힘들 때마다 꺼내 든다

행복힌 삶이란
가끔씩 뒤돌아보며 살아가는 것이다
망망대해에서
돛단배가 방향을 잡아가야 하듯이

그 옛길

그 옛길은

따뜻하다 포근하다
정겹다
그 옛길은
내 품속에 있다

다섯 살 꼬마가
그 옛길을 걸어간다

어미는 저만치 뒤에서
종종걸음을 치고 있다
안산 자락길의 옛 모습이다

그 옛길은
아무에게나 오랜 옛날의 이야기를
들려주진 않는다

나는 여느 때처럼
그 옛날에 서 있다

나뭇가지 꽃잎 길섶 푸성귀
비켜선 소나무는
늘 푸르름을 간직하고 있다

오늘은 더욱 푸르다

값을 치르다

베이비부머는 값을 치르며
살아온 인생이다

한겨울의 찬서리에서도
겉옷을 걸칠 여유도 없었다

그들은
살아 움직이는 생물이다

그들은
해야 할 일과 하고픈 일에는
기꺼이 밤잠을 설친다

성공한 직장인이 되고
때론 세상을 이야기하는 글쟁이도 된다

그들은 어디에 서 있든 오뚝이다

행복한 삶이란
가꾸기에 달려 있다

그들은 시간을 허투루 쓰질 않는다

귀로 말하다

귀로 퍼팅하라
귀로 말하다

귀로
말하는 이는

행복의 마루를
걷는다

경청!

경청은 다가감이다

배려이고
함께하는 거다

뒤돌아보며
미소 짓는 여유

행복의 첫 걸음이다

답이 없는 질문

우리는 대부분
답이 있는 질문을 하면서 산다
그것도
버거워하면서

세상을 바꾸는
위대한 질문은
답이 없는 질문이다

뭐지? 하고
고개를 갸우뚱하게 하는 질문이다

생물경영?

답이 없는 그런 질문이다

세상(삶이라고 표현해도 괜찮다)은
언제나 뒤틀려져 있고
늘 안개 속이다

패배의식에는
치유 방법이 없다고 하더라

뛰지 마세요

걸어가면
세상이 환히 보인다

행복은 쉬어감에 있다

맹추위가 기승을 부리는
이른 아침
자락길의 하얀 의자는

기다림은 있어도
흔들리는 사람은 없다

새로운 길은
설레는 만큼

속빈 강정이 아닌
옹골진 열매를 만난다

보물찾기

서점에서 읽고 싶은 책을 찾는 일이다

파릇파릇 시절이면
금방 찾을 텐데
아무래도 시간이 많이 걸린다

책 사러 서점 가는 날이 많아지면서
어느덧 까막눈 신세는 면해 가고 있다

읽을 만한 책을 고르는 일은
즐거운 일이자
행복이다

오늘은
어떤 책을 만날까
설레며 눈여겨보다가
눈에 띄는 책을 골랐다

첫 장부터 술술 넘겨지는 책이 아닌
읽다가 덮고 또 읽다가
덮는 책이었으면 좋겠다

산에서도 A3 등급이었으면

인왕산에서도
등산객들이
A3 등급이었으면 좋겠다

날씨가 포근해지니
초행길 등산객이 많아진 모양이다

여기저기 시끄럽다

마음 건강 몸 건강 찾아온 등산객들이
얼굴을 찌푸린다

건강한 산은
관악산 스타일보다는
북한산 스타일을
좋아한다

막걸리는
정상에서 기지개 켠 후
내려와서 즐기면 어떨까

오늘은 하늘에서
헬기 소리가 사라지길 바라며

인동초(忍冬草) 삶

빛도 없다
웃음도 없다

싸늘한 찬바람은 그칠 줄도 모르고
엄동설한은 뒤주에 품고 산다

주위엔
늘 그림자만 서성거려

흔적도 없다네
주변이 온통 지뢰밭이라

그 지뢰밭
깊숙한 곳에 하의도 있다

인동초 삶

저녁노을 지는
망매산 기슭에
늦게 피는 인동초

세상을 닮았다

GAP YEAR

삶에 있어서
GAP YEAR는 생명수다

앞만 보고 달려온
베이비붐 세대의
GAP YEAR는 언제인가?

삼각산 저 멀리
은은히 바라보며

삶의 의미를
되새겨 보는
시간들이 GAP YEAR인 듯

글을 쓰며
떠나고 싶을 때
아무런 계획 없이
훌쩍 떠나는 것이
GAP YEAR다

설레는 제2인생의 출발점에서

기다림은 없고
느긋하다

앞만 보고 달리는 기차가 아니라
쉬었다가 가고
멈춰도 된다

마음에 드는 경치가 있거나
지치면
그곳에 무작정 정차해도 된다

반기는 이 없어도
평안하고

머무르고 싶은 곳이
베이비부머 삶의 새로운 시작이다

오던 길을 되돌아가는 것이 아니라
모든 걸 내려놓고
새롭게 시작하는 것이다

'60인생 어떻게 살 것인가가 아닌
설레임에 밤새우고 풀 내음새 나는 시작이다

그 설렘에
삶의 진한 국물 맛이 우러난다

60

굴곡이 있는 삶

굴곡이 있는
인생이 멋진 삶이다

지나고 보면
평범한 길보다
고샅길 계단은

때로는 버겁고 힘들지만

소금 같은
땀방울을 안긴다

땀방울을 훔쳐내며
먹는 사과 맛은
황금과도 바꿀 수 없다

그 맛은
진정으로
숨겨둔 사랑의 무화과 꿀맛이다

친구 사이

나만의 테마로
프레이밍과 구도는 형제이고
군더더기는 질색이다

삶과 함께하면
감동은 갑절인 걸
해우소에서의 퇴고나 후보정이 닮았네

보고 느끼는 만큼 마음속에 담아야 보물이거늘
익숙한 것보다는
삐딱하게 볼 줄 암도 능력이라네

거꾸로 서서
남의 것 곁눈질도 실력이라던데

서로가 없으면 허전한 것
글과 사진 함께 없으면 아니 될 다정한 친구라네

2부

삶을 비비다

오로라 1770

우리 인간이 표현할 수 없는 것들을
자연은
툭 던지듯 그려낸다

무한한 시간과 공간 속에서
과연 우리 인간들이 무엇을 해낼 수 있는지
스스로 자문해 본다

평범한 삶을 살지 못하는
시인들은
예민한 새벽녘에 종종 눈을 뜨고 있다

사랑에 배고파 하고
늘 굶주리지만

그들 곁에 있는 사랑은
늘 홀로 비어 있다

* 오로라(aurora) : 새벽이라는 뜻. 태양에서 방출된 플라스마의 일부가 지구의 자기장에에 이끌려 대기로 진입하면서 공기분자와 반응하여 빛을 내는 현상. 황록색, 보라색 등이 있다.

열망은 변화다

열망은 변화요
보이는 정답이지
열망이 가득한 이들에게
변화는 끝이 없다

시를 쓰는 것은 의식의 집중이 아닌
무의식적이고 자연발생적이어야
좋은 시가 된다

열망은
노력하는 만큼
변화하는 만큼
거둬들이는 것이다

다만
두 녀석은 모두 다
인내심이 따라야 한다

오랜만에 만난 친구들의 자연스런 포즈에
열망의 색깔이 다르다

삶에는 쉼이 있어야

삶에는
쉼이 있다

마루를
갓 넘어선 삶은
향기롭고 달콤한 행복이다

삶은
내리막 인생이 멋진 삶이다

오르막보다는…

돌이켜 보는 삶이
여유롭고 아름답기에

가을 하늘

가을 빛에 혹한 날
손짓이라도 하질 그랬니

이런 자태는 처음이야

발걸음이라도 동동거려
눈치 있게

오늘 같은
가을 하늘은
처음이라고

변덕스런
세상을 닮은 구름도
멈추어 서 있고

먼 산이
바람에게 말을 건다
같이 가자고

저기 수평선까지 보이질 않는

사랑은 두꺼움이다
깊고 은은한 향기를 풍기기에

끄적거리다가 뒤돌아본 가을
함께 있다는 것은 꿈이요 사랑이다

양념과 곶감

지나온 날들은
양념이고
새로이 맞이할 날들은
곶감이다

가꾸어 다듬어야 할 때
감초가 양념이요

두고두고 먹어야 할 것이
곶감이다

향기 나는 삶에
곁에 두어야 할 소중한 보물

거꾸로 매달려보면
그 향기와
삶의 진한 국물 맛은 옷깃에 배어 있다

향기는
그 향기는

늘 우리 곁에 흩뿌려져 있다

향신료

삶이란
취해 보지 못한 것으로
향하게 마련이다

음식이건 배움이건
자연과의 동행도

동경이 아닌
삶의 진정한 바람이다

生은 유한하지만
우린 일생 동안

하고픈 일 중 몇 가지만
스쳐지나갈 뿐이다

그것도 우쭐대면서

무엇을 했느냐가 중요한 게 아니라
무엇을 남겼냐가 중요하다

돌이켜 보면
보잘 것 없는 흔적뿐이다

흔들흔들

사람이 흔들거린다
광화문 거리에서
젊음이 흔들거리고
늙음도 장단 맞춘다

위에서 아래로
생각과 상상은 각각

작은 흔들림에 사랑이 울고
파도 소리 흔들릴 때 세상이 놀라

가로수가 흔들거리고
빌딩숲은 흔들리다 누웠지
그 흔들거림에
사랑도 있고 슬픔은 가득

우리 삶
그 흔들거림에 매달려 있네
나도 기대고

흔적, 삶의

삶에는
비탈과 평지가 있다
비탈은 오르는 만큼 내려와야 한다

평지는
편안하게 다가오는 듯하지만
그 맛은 밋밋하다

생에 있어서 흔적을 남기는 것은
그 어느 것보다 중요한 걸
삶의 흔적, 그건 살아 움직임의 증표다

사람들은 그 흔적을 위해
무던히 꿈틀거리며 살아간다

흔적엔 지워야 할 흔적과
길이 남겨야 할 흔적이 있다

사람들은
본받아야 할 흔적에 매달리지만
지워야 할 흔적에 목매고
일생을 허비하는 이들도 있다

우린 업적을 남기지 않더라도
지워야 할 흔적을 남기지 말자

우린 다정한 벗

이른 새벽
파도와 구름이 춤을 춘다

밀고 당기고
하늘 높이 치솟기도 하고

땅 꺼지듯
주저앉기도 하고

모래는
틈새에 끼여 성가시다

사람들도
덩달아 새벽잠을 설친다

우린 멋진 친구다

꿈이란 기다림이다

꿈이란
앞을 내다보면 봄이요
거꾸로 보면 차디찬 겨울이다

때로는 함께하기도 하나 달리 보면 나 홀로인 걸
인고(忍苦)의 고통이자 보살핌이다

기다림이란

막연한 설레임으로
밤잠을 설치는 소녀 마음
오늘이 아니면 내일이 또 기다려지고

기다리는 이가
언제라도 불쑥 나타날지 모르는 그런 모습이다

기다림이 있어야 꿈도
열매가 여물 듯 부풀어 영근다

누구나 한 번쯤은 꾸는 꿈
이른 봄이면
창가 너머로 살며시 다가와
기다림으로 머뭇거린다

아희야!
꿈은 기약 없는 기다림이다

삶을 비비다

내려놓기 5년
이제는 적응할 만도 한데

아직도
꾸벅거리는 친구가 있네

친구야, 이제 그만 놓이소

가만히 흘러내려
놓고 가는 거야

두꺼움을 가볍게 사양하며 밀쳐내는
문인들 삶 닮아보소

홀가분하고
삶의 느긋한 맛은 짜릿하다네

우리가 곁에 있어 줌세

친구야 파이팅!

*퇴직 후 새로운 사회 적응을 못하는 친구를 보면서

쓰임이란

삶에 있어서
쓰임이란 매우 의미 있는 일이다

해야 할 일을 묵묵히 하란 묵언의 이야기

쓰임에 취해
주변을 감싸고 있는 어두움을
돌아볼 줄 모르는 아둔함은
삶을 송두리째 빼앗아 간다

나의 장점이
최대의 단점일 수도 있다

머리 위를 날아가는 새는 자기 스스로 날아가지만
둥지를 만들지 못하게 하는 것은
오롯이 본인 몫이다

일상의 삶에서
밝고 어두움은 서서히 다가오는 것

세상에 비밀은 단연코 없다

시와 어머니

시와 어머니는
닮았다

시는
애틋한 사랑으로
타들어 가고

어머니는
뙤약볕 내리쬐는
햇볕도 아랑곳없이

자식 사랑에
마음은
시커멓게 타들어 간다

어쩌면
시는
어머니의 흥겨운 춤이다

음악 공연

장구치고 북 치고
꽹과리 때리고

두드리고 소리치고
멍하니 바라보고

건반 위의 손은
덩실 춤을 춘다

아프고
시리고 시리다
연주자들은
보란 듯이

한 폭의 수채화처럼
화음을 낸다

관객은
거기 곁에
누워있는 친근한 나그네다

글쟁이도 덩달아
기쁨의 연주자가 된다

해우소

해우소에서
비워야 할 것은

때가 되면 배출하는 것만이 아니다

버리고
되돌아보고

과감히
내팽개치든지

자신이 없으면
슬그머니 내려놓아라

그게 행복이다

혼자 걷는 이는 즐겁다

생각이 있고
상상이 있다

감흥이
짜릿한 은유로
태어나고

웃음과 미소와
뿌듯함

기다림 없는
여유로움

혼자 걷는 길에서
행복의 흔적을
진하게 본다

삶이 지루해지면
홀로 떠나라

사모정

강릉,
그곳에 가면

사모정 정자 곁에
어머니와 아버지가
다정히 누워 있다

두 손은
닿을 듯 말 듯

자식을 향해
움켜쥐고 있네

대관령 능선에 걸린 달이
밤 새워 하현으로 기우는데도
서울 간 아들은 소식도 없다

아름드리 느티나무 아래에서
아기 소가 운다

음매 음매
사모정에는
어머니를 그리워하는
백교의 흔적이 흥건히 배어 있다

백교 : 백교문학회 권혁승 회장의 호(사모정공원 건립)

흔적

남기려다
무언가 남기려는 것

뒤돌아보면
아쉬움이
오늘에 머물지 않는

혼을 바친
열정이
함께하는
참된 삶의 한 구석

우리 모두가
홀연히 바라는
남기고 싶어하는 것
그것이 흔적이다

축복의 세대

희망을 이야기하는 축복의 세대

흔히들 한국은 베이비부머 세대
일본은 '단카이' 세대라고들 한다

은퇴가 아닌
축복의 세대가 되어야 한다
그 축복은 그냥 계절이 지나면
피는 꽃이 아니더라

추운 겨울을 이겨내면
매화꽃이 피듯이

60여년 여문 아름다운 황혼의 꽃은
어찌 계절마다 피는 꽃에 비유하랴

자연하고 여여한 일상이면

세월의 숫자는 의미가 없더라

옹골차게 여문 삶의 향기
가꾸고 또 가꾸고
보살피고 다듬어야 되질 않겠는가?

세상을 이야기하다

세상을
이야기하고

글로 써서 즐긴다

그곳은 가까인 듯
여기저기 조금씩 흩뿌려져 있다

삶도 그들을 닮았다

삶이란
곳곳에 웅덩이도 있고
철조망도 가로질러 가야 한다

즐길 마음을
간직하고 있는 깨우침은

향기 나는 삶이다

1분 전

기억용량
관계용량

오랜 직장생활을 하다보면
업무적인 일로
때론 우연히

많은 사람들과 관계를 맺는다

마루를 넘긴
중년의 활동량으론 숨차다

이제는 하나씩 지워가기 연습을 해야 한다
다른 한편으로
지워지지 않도록 더욱 돈독히 울타리도 쳐야 하고

봄이 오면 낙엽지고 겨울이 찾아오듯이
육체적인 부담과 관심사에 따라
물갈이 하던지 물갈이 되던지

되새기며 흔적을 남길 수 있는 것 중
글벗이나 포토, 악기
하나쯤은 다룰 줄 아는 친구이면 더욱 좋더라

긍정이 답이다

말을 배우는
꼬마들은

고개를 흔드는 것부터
배운다

아니야가 아닌
끄덕이는
긍정부터 알려주자

일상의 삶도

여의도의
나라 살림도 마찬가지다

긍정이 답이다

3부

세상을 찍다

세상을 찍다

세상을 찍자
반듯하게

문화로 책으로
행복과 미래의 모습으로

평범한
삶의 이야기를
가득 담을 수 있도록

강추위로 얼어붙고
찾는 이 없는
하늘공원의 모습이더라도

오늘의 일출은
구름 속에 묻혀 지각이다

모든 게 멈추어 서 있다
잠시 기다리며
손을 호호 불고 있을 뿐이다

오롯이
연기를 뿜어내는 발전소가
활기를 엿보게 한다

아픔을 보다

삶에서
진정한 의미를 찾고

행복을 만끽하며
사는 일이란

결코 쉬운 일은
아니다

스스로 뒤돌아볼 줄 아는
마음의 여유

그건 삶의 청량제다

귀담아
듣지 않으려는 나섬의 행동은

행복을 곁에서 맴돌게 한다

정류장을 떠난
버스는
되돌림은 없고

앞만 쳐다본다

어떤 생각

생각에
사로잡히다

마음은 하나인데

가야 할 길은 두 갈래 길이다
정해진 것은 없다

홀연히
떠나야만 하는데

마음이 정하여지질 않는다

되돌아갈까?

그래도
새로운 곳으로 발길 따라
가야만 되는데

에메랄드 빛에 취해
어디로 가야 될지

생각을 놓아버렸다

웃음꽃이 피었다
—그 할머니의 얼굴에는

비가 쏟아지는 일요일 아침
다리도 불편한 할머니가 교회를 간다

앞에는 손자인 듯한 남자가
연신 뒤를 돌아보며 천천히 걸어간다
혹여나 넘어질까 봐 그러는 듯

나도 할머니의 걸음 맞춰 뒤를 따른다
교회에 당도한 할머니 얼굴엔 평안함이 가득

우리 삶에 있어서
특별한 일이란 별개 아니다

돌봄, 배려, 그리고 사랑
이런 것들이다

고샅

모처럼 남도 여행길

숨 쉴 때마다
풀 향기는 가슴 속으로 젖어 들고

가장자리 골목을 따라
길을 걷다

옛 기적 소리도 없이
달리는 기차는

어느덧
나주역에 그림자처럼 서 있다

깊게 사뿐히
기웃거리며 걷는 기쁨이 고샅에 있음에

오늘만큼은 고루한 생각에 젖어
시골의 정취에 물씬 적시고 싶다

맛깔스런 시골의 고샅에서

목표는 향기다

삶에 있어서의 목표란 생의 활력소요 향기이다

목표가 없으면 죽음과도 마찬가지일 게다
삶의 긴 여정에 있어서 누구나 목표는 있게 마련
잠재의식 속에 잠들어 있는 목표를 일깨워야 한다

목표에는 항상 게으름이란 병이 함께하거늘
게으름이 주변에 맴돌 때 자꾸만 끄집어내자

목표를 향해 함께 즐기려는 긍정적인 습관이 중요
성취욕이 아닌 行함의 누림을 위해

목표란 삶의 가슴속 심장이지
세운 목표에 도달하려면 양서들을 겨드랑에 끼고 있어야
가을날 풍성한 수확을 거두려면

목표가 없는 삶은 살아있는 죽음이다

비밀병기

맛있는 요리를
즐기는 건

삶에 있어서
향기라는 활력소다

그 맛을 내는
주방의 요리사는
무사

그들만의
비밀병기로

사람의 마음을 사로잡기에

삶의 테두리

오랜 직장생활을 하다보면

일정한 영역의
삶의 테두리 안에 갇히게 된다

대화,
화젯거리가 그렇다

여기에 삶의 정서적 공감을 더하자

새로운 경험은
사회를 건강하게 만들고
변화를 자연스럽게 바라보게 된다

변화에 삶의 짜릿한 향기가 있다

그 할머니는

지하철에서 만난
그 할머니는
본인의 나이를 80에서 60으로 바꾸었다

손수 꼬깃꼬깃 써 내려간 글을 선뜻 건넨다
환한 미소로 수줍어하며 잘 썼나 봐달란다

장바구니가 아닌 손때 묻은 가방엔
그간 쓴 글귀들이 가득하다
TV 보면서 느끼는 것들을 적은 거란다

그녀는
생각만큼 젊은 청춘이다
화자와 아는 사이도 아니다

지하철을 타자마자 시집을 꺼내보고 있는데
책보는 모습이 좋다고 말을 건다
경복궁에 내리는 그녀의 모습은 봄꽃을 닮았다

천년 시대에 남겨 둘 유산은
글로써 흔적을 새겨두는 일이라 깨달음이다

그 할머니 다시 보고 싶다

가장 어려운 사람은

어제도
오늘도

그리고
내일도
……
과거에 얽매여 있는 사람이다

크레바스(Crevasse)

온난화로 지구가 불덩이
언제 타오를지 모르는 활화산처럼

천년의 섬
남극에선
크레바스가 기다린다

삶을
뒤돌아보며
행복해야 할 세대가

빙하가 갈라져
생긴 좁고 깊은 틈

크레바스에서
몸부림치고 있다

베이비부머는
어디서나 반기는 곳은 없고
때론 내팽겨치기까지 한다

크레바스(Crevasse) : 소득공백기

틈을 주자

틈을 주자

젊은이들에게

투우에서 퀘렌시아와 같은

지치고 힘들어 하는
이들에게

그 틈이

생에 있어서
투아웃 9회 말이라는 것을 알까?

행복 찾기는
오롯이 그들 몫이다

파란 날들을 기대하며

다름을 받아들이는 시간

우울증은
슬프다는 것을 인정함과
명상을 함께해야

되돌리면
오래할 수 있는 일에
꾸준히 시간을 투자하는 것
거기에 치유가 있다

살다보면
우울하지 않은 사람도 바쁘지 않은 사람도 없다
가끔씩 천천히 걷는 거다

삶의 즐거움은 완성에 있지 않고
고샅길에 조금씩 흩뿌려져 있다

빨간 신호등이 파란 신호등으로 바뀌는 것은
오랜 시간을 바라지 않는다

자신에게 달려 있다
주어진 만큼 최선을 다하고 만족할 줄 알아야
행복이 곁에 있다

해볼 만한 걷기여행

체험을 동반한
걷기여행에 흠뻑 취해 있다

걷기여행은
현지 사람들의 즐거움과 고통을
곁에서 볼 수 있는 값진 여행이다

그냥 스쳐 지나가는 것이 아니라
그들의 눈높이에서
보고 느끼고
때로는 같이 걷는다

같은 눈높이로 그들의 속도에 맞추어
또 다른 세상을 보는 것

익숙한 곳
친근한 문화를 벗어나
새로운 것을 만나는 것

그건 두려움이자 희열이다

다음 여행지를 어디로 할까 하며
눈 오는 날 럼블럭에서
진한 커피를 한 잔 먹고 싶다

향기

매화꽃 피는 계절이다

향기를 뿜으려 겨우 내내 엄동설한을 견뎌내고
꽃봉오리 삐죽이 내밀었다

향기에는 꽃향기도 있고
사람 향기도 있다

1년 내내 향기 나는 사람도 있고
미소만 짓는 향기도 있다

보고프고 그리운 것은
향기 나는 사람이다

우린 꽃향기를 뿜어내는
그런 삶을 살자

혼돈

삶은 때로는
혼돈 속에서
그 진가를 발휘한다
보이질 아니하기 때문이다

깊은 산속에 빛나는 호수는
자그마한 웅덩이로
낙엽들만
쌓여 있는 기억으로 지나치면

행복은 어디에서도 만날 수 없다

인간의 삶은 반복하지 않지만
자연은 늘 반복하며 기다린다

봄이 오는 길목에
장미꽃을 보라

일년 내내 며칠 동안 꽃을 피우려고
엄동설한의 찬서리를 마다 않는다

그것도 질 때는
툭하고 통째로 떨어지면서

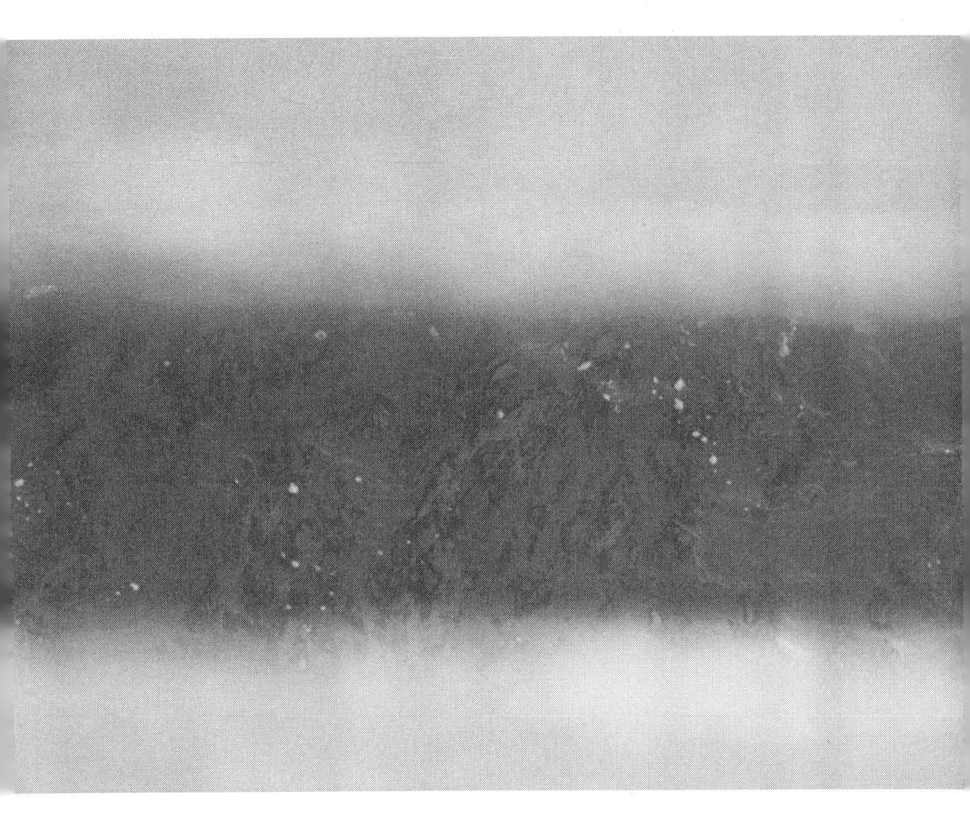

행복이란

글을 쓴다는 것은 뿌듯함과 행복 그 자체다
넉넉함이랄까

무심코 지나친 들꽃이 이렇게 아름다울 줄은
미처 몰랐다
이게 시이고 청자연적이다

밤새 뒤척인 시어는
단잠을 깨우고
마음을 설레게 한다

시는 머리와 마음으로 그리고
가슴으로 쓴다

갓 비린내 나는 시어를 줍고 싶다
뒤주에 쾨쾨 묵은 쉰 내음새 나는 구어도 좋지만

얼쑤
세월은 자꾸 나를 뒤돌아보게 한다
꿈속의 향연이다

여읍여소(如泣如笑)

111년만의 폭염이다

연일 더위로 한반도가 불덩이네

극한직업에 종사하는 이들을 쉬게
할 수 없을까

시원한 등목이라도 해줄 수 있었으면

그들의 마음을 헤아려주고 함께 함이
삶에 있어 진정으로 부족한 여분의 채움이다

폭염 탓으로
주변에 가난한 이들 못지않게
부자들도 여름을 무서워하는 모습을 본다

더위와 폭풍우에
쌓아둔 곡간이 통째로 날라 갈까봐

날씨가 더우니
세상도 덩달아 여읍여소하다

어머니 손

손등과 손바닥의
색이 다른 어머니 손

손등은
까만 검정 고무신을 닮았고
굳은 살 손바닥은 흰 저고리를 빼쏘았네

까만 손등 위엔 애환의 삶이 서려 있고
하얀 손바닥엔 가족 사랑이 담겨있다

오늘도 어머니의 손은 오만날 뒤뚱거리며
번갈아 반짝인다

남루를 걸치고도
자식은 고웁게 키워야 한다면
'물짠 것' 하신다

저승에서도 자식사랑
단잠이나 주무실까

북망산 언덕의 어머니 보고플 때면
큰 소리로 불러보아

까만 손등에

하얀 선크림이라도 발라 드릴까

어머니, 어머니
보고 싶은 울 어머니

물짜다 : 전라도 방언으로 값어치가 없는/
상태가 좋지 않은 것을 말함.

흩뿌리는 가을

흩뿌리는 가을이다

여인은
빠알간 감나무에
덩달아 매달리고

저물어가는
가을은

누군가와의 약속도
저버린 채
겨울 속으로 들어간다

빨간 입술의 낙엽은
앙상한 가지만
남겨두고

세월의 흐름 따라
겨울 곁으로
종종걸음을 친다

음악과 삶

리듬과
가락
화성이라든가

음악에 필요한 것들이지만
삶에서도 절실한 것들

가로수 길이 있고
규칙위반은 퇴장

흐름이 있는 장단은
옛것과 궁합이야

흥겨운 삶이란
순간순간
살며시 다가오는 것

폭염에 찌든 날
여우비라도 내렸으면

이게 음악이고 삶이다

영업이란

평범한 직장인들에게

영업이란
(배움이라고 표현해도 괜찮을 듯싶다)

자존심을
쓰레기통에

통째로
내팽개치는 것이다

그리고
소중할 때
꺼내드는 것이다

마패처럼

4부

시간의 되돌림

가슴 뿌듯이

가슴 뿌듯이

삶을
진실하게 할

배움의 시간은

얄팍한
압박이 아니라

순수한 자연에로의
보호이다

—1978. 6. 1

결혼이란

사람이
결혼을 결심하면

때로는
아무런 보호도 없는 상태에서

한 번쯤은
있어야 한다

—1978. 1.

국화

곱게 승화하는
노을빛 사랑처럼
가을이 핀다

넘치는 서정이
강물이 되어 흐르는
계절의 어귀에

정녕
떠나버릴 수 없는
소녀의 낭랑한 기도 같은 것

후조의 날개 사이로
꿈을 엮은 오후는

한 떨기 그리움으로 피어나
가을의 밀어를 속삭이고 있다

하나
둘
셋
네엣…

—1975. 12.

그리운 얼굴들

눈 오는 날이면
항상 나의 곁으로 날아와
저만치서 나의 모습을 지켜보던
너의 푸르른 모습

어쩌다가 자그마한 몸짓으로
낙서를 지껄여 주던 가냘픈 너의 목소리

하이얀 눈동자로
파란 눈을 품에 가득히 안고
창가에 서서
나의 모습을 지켜보며

이젠 저만치 멀어져야만 했던
나의 생활
너의 애달픔

행복과도 바꿀 수 없는

나의 고독
너의 슬픔
나의 사랑

이젠 커다란 거품이 되어
자꾸만 멀어져 가리

—1979. 1. 14

그리움

열띤 환호 속에
그림자에…

언제나 그립고 사랑스럽기만 하던 옛 벗들의
이미지가 머리를 스친다

매서운 눈초리에
호야를 둔

엊그제의
메모리 속에
환상을 숨어

찬란한 슬픔을 승화시킨
그대들의 목소리는

먼 나라의
숨결에 휘말린
즐거웠던 옛 추억

현재
미래…
그리고 그때

즐거운 내일을 맞이하자

—1975. 12. 11

난처한 동물

인간이란
난처한 성질을 가진 동물이다

남의 간섭을 받을 때는
자유를 원하고
자유를 포식하면
고독을 슬퍼한다

인간은 항상
개인의 자유를 원하면서도

실은
개인으로서의 나를 망각하고
보다 큰 우리 속에 푹 싸이기를 갈망하는
이중성격의 소유자다

－1979. 1. 10. 군입대 전

넓적다리

만원 버스에서
넓적다리 내밀고 앉아 있던
중년 캠브리지 신사가
겸연쩍어
내밀었던 발을 웅크리는 모습과

어느 따가운
여름 한나절
그늘 밑에서 거드름을 피우면서
벌렁 누워 있던 어미 소가

정오의 붉은
햇살 때문에

어지간히 몸을 비비고
일어서는 모습은

세찬 회오리바람 속의 진풍경이다

—1978. 10. 22

해촌(海村)의 석양

석양은 갈대 지붕을 비추어
작은 언덕 잔디밭에 반사되었다

산기슭의 골짜기로 물 길러가는 아낙은
한 손으로 부신 눈을 가리고
동동걸음을 친다

반쯤 찡그러진 그의 이마엔
저녁 늦은 근심이 가늘게 눈썹을 눌렀다

기다란 낚싯대를
맨 어부는

갯가에 노파를 만나서
밀려오는 돛대를 가리키면서

무슨 말인지
끊인 줄을 모른다

서천에 지는 해도
바다의 고별음악을
들으면서

짐짓 머뭇거린다

—1975. 9

마음의 정점

비뚤어진 날의 지렁이는
숨을 쉬지 않는다

간밤에 보았던 삶을
우리들은 한꺼번에 들추진 않듯
자그마한 그리움으로 모아둔 하얀 조가비다

이른 아침 가느다란 선을 따라 달리는

시커먼 그을림은
우리들의 시선을 한 곳으로 이끈다

저만치 떨어진 푸른 초원의 얇은 낙원으로
하려는 자들만이
주위를 맴돌고

작은이들은
조그만 섬을 만들어
커다란 무게가 된 양 주춤거린다

선을 따라 어디선가
나르는 조바심을

나는 그린다

맨 위에 우뚝 솟은
하얀 마음의 정점을 위해서

—1978. 4

들름…

마디마디로 이어진 하루

어깨 너머 작은 산마루엔
갑작스런 움직임이 있다

여름 한나절의 그늘진 모퉁이는
숨도 제대로 쉬질 못한다

지난날
산등성이 능선을 따라

한없는 발걸음으로
내디딘 삶이
자꾸만 속삭여 온다

하나
둘

맑은 산란한 거품이다….

—1978. 5. 27

만추

저물었는가

모두들 떠나고 간
텅 빈 뜰

밤빛으로
깔려드는
마음의 언저리에 종이 운다

그날
꽃들은 사라지고
열매는 마구 떨어져 묻히고…

어디로 갔는가
내 뜰 안 가득히

꿈을 가꾸던 여인은…

—1975. 12

반달과 소녀

옛 버들의 새 가지에
흔들려 비치는

부서진 빛은
구름 사이의 반달이었다

뜰에서 뛰놀던 어여쁜 소녀는
'저게 내 빛이여' 하고
소리쳤다

발꿈치를 제켜 디디고
고사리 같은 손을
힘 있게 들어
반달을 따려고 강장강장 걸었다

따려다 따지 못하고
눈을 힐끗 흘리며

손을 돌리어
먼 하늘을 헤매는 다나

―1975. 12

비

간밤을
속삭이던 낙엽이
으스스 몸을 떨고 일어설 때
축축하고 오싹한 인색이 가는 듯한 느낌이다

어느덧 괴인 물줄기에
가냘픈 인생이
도랑물을 따라

떠내려가지 않으려고
안간힘을 쓰다

마지못해
흘러간 처절한 인생이

어쩐지 외롭고
가슴 아프기만 한 구슬픈
물방울 소리

한 잎
두 잎
귓전에 울리기만 하다

—1975. 12

사랑

물보다 깊으리라
청초하리라

가을산보다
높으리라
아름다운 것이니라

달보다 빛나리라
돌보다도 굳으리라

사랑을 묻는 이 있거든
이대로만 말하리

영원하느리라고

사랑해야 할 것은
마음속에 늘 있는 것이라고

—1975. 12. 12. 고2

섬광 사이

조그마한
불빛 사이로

푸른 젊음이
속삭인다

빙 둘레엔
연분홍 진달래가

아름다운 추억을
되새기며

서 있고

주위엔
잔잔한 호수…

— 1978. 5. 27

소녀의 기도

허상의 뜨락에서
염원하는 소녀

꺾어진 계절의 소리가
생의
한 가닥에서

얇은 시작이 적혀 있다

무한히 줄진
까만 색신

이 밤에…

작고 가느다란 소녀의 기도 소리

무엇 때문에
이리도 가냘픈 숨을 내쉬는 걸까

—1975. 12

어느 삶에서

여름 내내
무성함을
만끽하던
푸른 잎사귀들이

길어져 가는
계절의
음미와 함께

하나
둘
나의 주위에
사뿐히
자리를 같이 할 때면

어디선가
고운 선율은
반드시 들려온다

—1978. 9. 27

엽서

써놓고
보낼 때 없는 엽서만큼
황량한 고독을 그대는 아십니까

아무도 없는 언덕을 향해
목청을 뽑듯
옥타브를 높일수록 외로운 나날

또 한 장
그리다가 뭉개지고 마는 엽서

낙서라기엔
차라리 눈물이 앞서는 정성

썼다가 받는 이 없어
그냥 뭉개버린 엽서만큼
찬란한 패배를 아십니까

그대는…

—1975. 12

정열

소나기가
쏟아지는 날이면
몇 번이고
이곳을 드나들었다

모든 것은 주위에 잠들고
마음은 자꾸만 변하여
흘러내리는 나무 조각들과 함께 뒤범벅이 되고 있었다

두 손을 모아
꼬옥 쥐고
담장 너머 가시밭길로

호박넝쿨이 커다란
부끄러움을 웅크린 채

그대로
서 있었다

—1979. 1. 4 군입대 전

환한 웃음을 닮자

격월로 만나는
문인들과의 만남

즐거움이자 생의 활력소다

미수이신 김시인은
배낭 메고
청계천 걷다가 오고

고희를 갓 넘기신 노(老)회장은
젊은 청춘이다

난 어디에도
끼일 때가 없네

젊음은
그냥 오는 게 아닌 것 같더라

그들은
흔들리는 갈대처럼

마음으로 웃고
자기만의 긴 여행을 즐기더라.

삶이 흐르다

삶은
가꾸어온
빛 색갈이 다르다

길게 보면
느리고 흐리다

친절이 있는
삶에는 향기가 있다

향기 나는
삶을
그리워하는 게
우리의 일상이다

자락 길에서 만난
천둥이는
미소 지으며
녹차 한잔 권한다

이게 삶이다.

—1976 .6

어느 은행원의 삶

동그라미 人生을 따라서

젤라 원부를 그리며

찍잽이 사랑을 하노라

—1978. 9

*동그라미 인생 : 은행 창구직원이 금전출납 때 쓰는 수납 고무인(일명 수납방)을 일컬음
*젤라 원부 : 대부계 직원 등 계장급 직원들은 하루 종일 서류 작성하느라 바쁜 것을 일컬으며 '젤라'라는 말은 그 당시 문화볼펜의 볼펜 이름에서 따옴. '원부'란 서류뭉치 등을 일컬음
*찍잽이 사랑 : 은행의 창구 책임자는 하루 종일 결재하느라 대부분의 시간을 보낸다는 이야기

5부

짧은 수필

아버지와 소금밭 / 인연 · 1 /
인연 · 2 / 잃어버린 향기 /
설렘의 섬, 비양도 / 백두산이 기다린다

아버지와 소금밭

'연화부수'에서 유래된 물 위에 연꽃이 떠 있는 모습이라 하여 '하의도'란 이름이 붙은 섬. 목포에서 3시간여 배를 타고 가야 닿을 수 있는 작은 섬이 우리 가족이 태어나서 살아온 꿈의 고향이자 천사의 섬이다. 조그만 염전을 일구며 여덟 남매를 길러주신 아버지와 농사일과 염전일까지 거두느라 두 손발이 엉겅퀴를 닮아 있던 어머니의 모습이 지금도 눈앞에 어른거린다. 그래서인지 나의 부모님은 내 삶에 있어 마음속에 지울 수 없는 거울이다.

아버지는 고되고 힘든 염전 일에 허리가 휘고 여덟 남매 호구에 지쳐 매일 독주로 마음을 달래다 끝내 중풍이란 큰 병에 쓰러져 여러 병원을 전전하시었다. 그때 나는 서울에서 새내기 직장인이 되어 휴일이면 아버지를 간호하였다.

어느 날 아버지는 조금 나은 듯하니 집에 가야겠다는 고집에 서울역까지 모시다가 중간에 다시 쓰러지고 말았다. 그러나 아버지는 아무렇지 않게 일어나 괜찮다며 가시기에 염전일 때문에 그러려니 하고 마지못해 마중해 드리고 돌아왔다. 그렇게 몇 달이 지난 뒤 급보를 받고 집으로 달려가니 아버지는 이미 싸늘한 주검이었고 나는 임종조차 못한 불효의 아들이 되고 말았다.

아버지의 평생 직업인 소금을 생산하는 일은 실로 고되고 고된 일이었다. 평생 새벽잠을 잘 수 없고, 온종일 뙤

약별에서 바닷물을 끌어올려 일주일 이상을 자연 건조시키며 염도를 높여야 비로소 소금이 만들어진다. 중간에 비라도 오면 온 식구가 매달려야 한다. 늘 긴장하고 힘든 일을 잊으려고 아버지는 잠시 쉬는 틈이면 독한 소주를 물컵에 따라 냉수 마시듯 드셨다. 그래서 집 뒷간에는 늘 소주 상자가 쌓여 있었다.

그런 부모님의 모습을 보면서도 어린 나는 학교 공부가 끝나도 일을 돕기 싫어 온갖 핑계를 대며 시간을 보내기 일쑤였다. 지금 생각하면 가슴 아프고 후회스럽지만 늘 보여지는 아버지의 일이란 게 마치 남의 일처럼 생각한 탓이 많았던 모양이다.

이제 철이 들어 고향 생각으로 명상에 젖는 시간이면 아버님과 함께할 수 없다는 애절함과 안타까움이 가슴을 짓누르지만 가는 세월처럼 부모님이 우리를 기다려 주지 않으니 어쩌랴.

이렇게 부모님을 추억하는 일은 나에겐 생가슴을 도려내는 듯한 고통이다. 어릴 때부터 멀리 떨어져 있었고 부모님의 사랑을 느끼기에는 내가 너무 어렸고 철이 없었다. 그래서 구석구석 아버지의 흔적을 찾아낼 때는 죄스러움과 당시의 아버지의 뒷모습이 너무 생생하게 떠올라 마음이 저려오고 가슴속 깊이 사무친다.

지금은 아버지 묘소를 고향 양지바른 곳에 모셔놓아 가끔 찾아뵙지만 허전한 마음은 세월이 흘러도 여전히 메꿀 수가 없다. 소용없는 후회이지만 왜 그렇게 앞뒤 생각이 모자랐는지 안타깝기 그지없다.

그래도 다행이라고나 할까. 아버님의 흔적인 염전이 지

금은 허허벌판으로 남아 흩날리는 잡초들을 볼 때면 생전의 아버님으로 돌아와 살아 숨 쉬며 귓속말을 하는 듯하다. "오늘도 수고했제" 하시며 말이다. 이제는 보고 싶어도 등 굽은 아버님의 모습을 마음속 깊이 새기며 그리움을 달랠 수밖에 없다.

아버님은 살아생전에 자나 깨나 소금사랑이 남다른 분이었다. 바닷물의 짠맛과 햇볕의 조화로 만들어낸 향기나는 소금을 보고 세상 그 어떤 일보다도 흐뭇해 하시던 모습을 나는 평생 잊을 수 없고, 이제는 다시 뵈올 수 없어 마음속에 품고 산다. 오늘도 아버지 흔적을 떠올리면서 지상에서 잘 살아가고 있는 자식들의 소식을 하늘나라에 전해드리는 것으로 위안을 삼으며 눈시울을 적신다. 아버님이 평소 즐겨 부르시던 〈하의도 상여소리〉를 떠올리며.

북망산천이 멀다더니 저 건너 안산이 북망일세.
이어 넘허 허허 넘차 어이가리 넘차 어허넘(중모리)

이이고 대고 통곡을 마소 가신님이 다시 올까
이어 넘허 허허 넘차 어이가리 넘차 어허넘(중중모리)

…… (중략)

인연 · 1

세상에 눈치 없는 인간이 없듯이 동물 또한 마찬가지인 모양이다.

건드리면 피하고 귀찮으면 짜증내고 좋으면 자꾸 기어오른다. 우리 집에서 같이 살고 있는 애완견 재롱이 이야기이다.

벌써 13년이란 짧지 않은 세월을 한 가족으로 살고 있으니 어찌 우여곡절이 없겠는가. 집안에서 사소한 다툼이라도 생기면 어느새 자리를 피해 침대 밑으로 기어들어가 나오질 않는다. 그리고는 눈치를 살핀다. 아무리 부르고 먹을 것을 놓고 유인해도 나오질 않는다. 저를 부르는 내 목소리에 사랑이 담겨 있지 않음을 직감하고 있어서일 것이다.

그러다가도 기분이 좋을 때는 온갖 몸짓으로 난리법석을 피운다. 8층 높이에서도 내가 퇴근하는 기척을 느낄 때는 벌써 문 앞에서 반가움을 한껏 나타낸다. 그러니 어찌 귀엽지 않은가. 덥썩 안아 올려 사랑한다는 표현을 해준다.

저녁식사 때 가족이 식탁에 둘러앉으면 재롱이의 눈이 여섯 개로 바뀐다. 아내, 아들 그리고 내 얼굴 표정을 살피기에 재롱이 눈이 바빠진다. 누가 과연 기다리는 고기 조각을 줄 것인가? 그 중에서도 재롱이는 나에게는 큰 희망을 걸지 않는 눈치다. 나는 식사할 때 먹을 것을 잘 주지 않기 때문이다.

이런 재롱이도 특별히 좋아하는 게 있다. 식구 중 누군가가 라면을 끓일 때면 어딘가 피해 있던 재롱이가 나타나 꼬리를 흔들기 시작한다. 마치 우리가 먹고 싶은 음식을 보면 침이 고이듯 재롱이도 침을 흘리며 눈빛이 반짝인다. 모른 척하면 짖어대기 시작한다.

그 눈빛이 애처롭기까지 하다. 결국 라면을 안 주고는 혼자 먹을 수가 없다.

말로 생각을 나타내지 못하는 동물도 이처럼 사랑받고 싶고 좋아하는 건 꼭 먹어야겠다는 각오가 대단해 보인다. 하기야 집에서 가꾸는 화초에도 관심을 갖고 살펴주어야 잘 자라고, 가축농장에서도 듣기 좋은 음악을 들려주면 비교적 가축들이 스트레스에 시달리지 않고 건강하게 성장한다고 하니 이 또한 사랑의 힘일 것이다.

계절이 바뀌어 바깥출입이 잦아지는 때가 되면 재롱이는 우리 어릴 때 소풍갈 때처럼 기대감에 설렌다. 같이 산책을 나가면 신이 나서 춤을 춘다. 의기소침해 있던 모습과는 달리 자기 마음을 한껏 나타내며 행복해 한다. 그런 세월이 지나 이제 13년이 흘렀다.

세월을 이기는 장사가 없듯이 재롱이도 이젠 눈빛에 총기가 없고 뒷다리에 힘이 빠져 걸을 때 휘청거리며 듣는 것마저 쉽지 않은 것 같다. 나는 늙어가는 그 모습을 보며 이제 우리도 헤어질 때가 다가오고 있음을 직감한다.

안타까운 마음 적지 않지만 이 또한 신의 섭리로 맺어진 인연이고 정해진 별리가 아니겠는가 하고 담담한 마음을 가지려고 다짐한다. 그동안 재롱이가 우리 가족에게 준 즐거움과 교감한 사랑의 크기가 적지 않으니 그것을 쉽게 잊을 수는 없을 것이다. 벌써부터 이별의 안타까움을 생각하면 가슴이 먹먹해지고 안쓰러움이 앞선다. 이것도 우리가 피할 수 없는 애별리고(愛別離苦)의 아픔이 아니겠는가 싶다.

긴 세월을 함께 살면서 재롱이도 진정 행복했는지는 알 수 없으나 우리 가족은 재롱이에게 고마운 마음을 갖고 살아왔다. 늘 신경이 쓰였고 어딜 가도 혼자 남아 있는 재롱이가 걱정이 되곤 하였다. 행여 특별한 것이 생기면 남이 보기에 구차해 보이지만 재롱이 주려고 싸갖고 온 때도 적지 않았다.

우리가 정해진 생을 마감할 때 가족들의 슬프고 안타까운 마음이야 말로 표현키 어렵지만 가족과 같았던 재롱이와의 헤어짐도 내겐 적지 않은 슬픔이다.

우리가 평생 안고 살아야 하는 실체 없는 사랑. 무한한 힘을 갖고 있는 이 사랑의 힘이 우주 공간을 채운 온갖 사물에도 예외 없이 꼭 필요한 것이란 생각을 새삼 해보게 된다.

인연 · 2

끄응, 끄응, 끄응, 끄응.

우리 집에서 가족과 함께 14년째 같이 사는 애완견 재롱이가 좋다고 안아주면 힘들어서 내는 소리다. 예전 같으면 좋아서 벌떡벌떡 뛰어다니던 녀석이 안아 주어서 좋지만 힘들어 하는 모습을 보면 참으로 애잔한 마음 지울 수 없다. 세월이 흘러 재롱이 녀석도 몸과 마음이 예전과 같지 않아 주말이면 다니던 산책도 이제는 기억이 없다. 고작해야 바깥에서 다른 애완견이 짖고 있을 때 가끔씩 베란다 창밖을 쳐다볼 뿐이다.

가족 중에는 내가 출근하고 아들 녀석도 밖에 나가면 온종일 엄마와 함께 있어 심심하기 짝이 없다. 밥 먹는 시간 외에는 베란다 쪽 입구 방석에 누워 자는 일이 하루 일과다. 그마저도 엄마가 외출하면 온종일 혼자서 심심하기 일쑤다.

가족을 기다리고 기다리다 늦게 오면 신문을 갈기갈기 찢어놓는 심술도 이제는 힘들어서 하지 않고 언제 그랬었는지 기억이 새롭다. 기껏해야 대소변 마려울 때 화장실에 고스란히 보던 일을 부엌 쪽 베란다에 용기 내어 흔적을 남긴다. 흉컨하게…, 가족이 귀가하면 혼날 줄 알면서도(?)

요즘에는 손녀가 주중에는 집에 와 있어 재롱이는 비상

이다. 온가족의 관심과 애정을 손녀 예린이에게 빼앗겼다. 가사 일을 놓아야 할 시기인 할머니는 정신이 없고 재롱이를 돌봐줄 기력도 없다. 이런 사정을 전혀 알 수 없는 예린이는 집안 구석을 여기저기 헤집고 기어 다니면서 재롱이가 귀엽다고 온 집안을 쫓아다닌다.

재롱이도 샘이 나서인지 몰라도 내가 집안에서 여기저기 움직이면 화장실 입구까지 따라 다닌다. 다리가 아픈데도 엄마 아빠가 다니는 동선을 따라 저만치 서 있다.

가엾어서 억지로 방바닥에 앉혀 놓으면 금세 일어나 이내 서 있다. 인간이라면 사랑은 변함없다고 말해 주련만 어찌하랴, 말은 못해도 눈빛을 보면 사람들보다 더 눈치가 빠른 것 같아 더 애정이 간다.

저녁때가 되어서 예린이가 직장에서 퇴근한 엄마한테 가면 재롱이도 서재 방으로 퇴근이다.

이불 위에 누워 있는 모습을 보면 피로해 보이는 모습이 역력하다.

집안 일이 바쁘고 가끔씩 대소변을 엉뚱한 곳에 띄엄띄엄 내팽개치는 재롱이를 보고 할머니는 이제 그만 저세상으로 갔으면 하고 푸념한다.

가슴이 미어지는 심정이다.

오랜 세월 동안 우리 가족의 동반자가 된 녀석인데 무슨 말을 보탤까? 건강하게 인연이 닿는 동안 함께 했으면 하는 바램뿐이다.

오늘도 재롱이는 내 잠자리 중앙에 두 다리 쭉 펴고 세상없이 편안한 잠을 자고 있다. 때론 코도 골면서, 한국작가 동인 사화집에 인연이란 제목으로 기고할 때 책으로 출간됐을 때까지만 살았으면 하는 바람이 이루어지고 나서 다시 욕심이 생겼다. 인간의 욕심일까?

최근에는 귀까지 멀어 큰소리로 부르지 않으면 가족이 귀가한지도 모른다. 우리 인간이면 어찌했을까? 시대가 변해 이제는 또 다른 가족화가 되어가고 있다. 사회는 애정의 결핍증세가 더해지고 자연에 대한 고마움을 모르는 세대들이 미래를 이끌어가는 세상이다.

현실 삶에 대한 풍요가 넘칠수록 순수한 애정은 우리 인간에게서 멀어지지 않을까 하는 마음이 든다.

오늘도 출근하면서 꿈적도 않고 자는 재롱이를 뒤돌아보며 애잔한 마음이 발걸음을 멈추게 한다. 함께 사는 애완견을 보면서 앞으로도 오랫동안 건강하게 우리 가족들과 함께 했으면 하는 바램뿐이다. 위안이 되는 것은 언제나 우리 가족이 너의 위로가 필요할 때 함께 해주었다는 것을 되새기며.

시절 인연으로 우리 곁을 떠나더라도 너의 모습은 글이 되고 그림자 되어 우리 가족의 일원으로 영원히 남아 있으리라 상상해 본다.

잃어버린 향기

향기가 없는 삶을 30년을 훨씬 넘게 살고 있다. 향기를 언제부터 잃어버렸는지 기억조차 가물가물하다. 이비인후과에서 두 번의 비염 수술. 은행 근무 점포를 옮길 때마다 맨 먼저 찾는 곳이 이비인후과가 어디에 있는지 찾는 일이었다. 20여 년 전 명동 본점에 근무할 때는 명동 일대에는 없어서 점심을 먹는 둥 마는 둥 하고 업무가 바쁠 때에는 점심도 거르고 10여분 걸어서 남대문 태평로에 소재한 이비인후과에 치료 받으러 가기까지 했다. 그 나이 지긋하고 거만한 의사한테 말이다.

월요일이나 바쁠 때에는 2시간 정도 기다려야 겨우 치료를 받을 수 있었으니, 그 당시 명동엔 피부미용의 붐이 불어 성형외과니 하는 진료과목의 병원만 죄다 늘어서서 괘씸하기까지 했다. 치료는 간단하다. 소독하고 약 발라주고 어찌 완치되는 치료방법이 없냐고 물으면 퉁명스럽게 죽을 병이 아니니 그냥 불편할 때 자주 치료 받으란다.

이비인후과만 20년 넘게 병원을 옮겨 다니다 보니 웬만한 증세는 자가진단이 가능한 의사가 다 되었다. 80년대 후반으로 기억되는 같이 근무하는 동료직원 말 듣고 잘 한다는 군의관 출신이 운영하는 남대문의 한 의원에서 수술을 받았는데 마취도 제대로 하지 않아 보름을 집에서 쉬면서 치료한 적 있다. 섣부른 치료 결정에 큰 고생을 했지만 완치는 되지 않아서 지금도 그 순간을 기억하기 두렵다.

이제는 코로 냄새를 거의 못 맡는다. 아니 향기를 거의 느끼지 못한다고 표현해야 맞는 말인 것 같다. 마음 한구석 도려내듯 향기를 모르는 아픔을 서서히 느끼고 있다. 때론 좋은 일이라고 스스로를 위안을 삼을 때도 있다. 세상의 보거나 느끼고 싶지 않은 것들의 악취 냄새도 덩달아 못 맡으니까 얼마나 좋은가 말이다.

며칠 전에는 냄새를 맡지 못하는 덕을 톡톡히 봤다. 16년째 함께 가족이 된 애완견이 이제 는 제대로 걷지도 못하고 대소변을 가리지 못해 나의 방에서 가끔씩 같이 자기도 한다. 먹는 게 변변치 않아 많이 안타깝기도 하다. 그날은 덥고 내가 거실에 있다가 깜박 잠이 들었나 보다. 집사람이 외출하려다 방바닥에 흥건히 괴인 배설물을 밟아 난리가 났다. 방안 출입금지, 거실 외진 곳 울타리 집으로 갇혔다. 예전엔 나의 출퇴근을 누구보다도 잘 알고 반기던 녀석인데 지금은 시력도 다하고 냄새를 맡지도 못하여 힘들어하며 무표정으로 바라본다. 고개를 45도로 들고서, 안타깝고 애련하다.

수필에서도 멋은 적절한 유머라던데 꽃에도 향기가 없으면 꽃으로서의 가치와 멋이 없어진 단다. 꽃들이 만발하는 계절인 봄에 향기로운 꽃을 보고도 향기를 못 맡으며 글을 쓰자니 참으로 답답하고 밋밋하기 그지없다. 끄적거리다 말고 휴지통에 버리는 글이거나 중요한 단추 하나가 빠진 것 같은 허전한 느낌이다. 누군가가 채워줄 수 없는 삶, 많이 안타까울 뿐이다. 향기를 대신할 그 무엇이 없을까? 이제는 마음 만으로라도 환한 연분홍 꽃향기를 흠뻑 들이마셔야겠다. 조금은 그 향기를 느낄 수 있지 않을까. 삶에 있어서 향기란 매우 중요한 것 같다. 남을 배려하는 향기도 있고, 아픈 이들을 감싸주는 따듯한 향기도 좋고, 꽃향기는 아니더라도 책속에서 우러나오는 행복하고 부드러운 마음의 달콤한 향기라도 뿜어 내 주변 사람들에게 나누어 주고 싶다.

행복이란 삶의 소소한 즐거움이다. 향기는 그 삶에 배여 있는 잔잔한 파도와 같은 것, 그 삶은 뒤돌아보며 사는 것도 또 다른 뿌듯함이다. 그 행복과 즐거움은 언제나 가까운 우리 곁에 있다. 이제 엄동설한의 겨울 보내고 나면 홀로 눈 속에 핀 고고한 멋을 풍기는 동백꽃 피는 초봄에는 어떻게 향기를 만날 수 있을까 하는 설렘으로 오늘 하루를 보낸다. 외국 속담에 "가던 길을 멈추고 장미 향기를 맡아 보라"는 말을 되새기며 행복이란 생활 속에서 만나게 되는 긍정적인 경험들을 음미하며 누리는 것이 중요함을 새삼 느낀다. 향기야 다시 내 곁으로 오렴하면서.

설렘의 섬, 비양도

비양도를 왜 가시나요? 라고 물으면 대부분의 사람들은 여행하러, 아름다운 섬이라 그냥 한번 가보고 싶어서라고 대답한다. 여행 작가들은 “사람 만나러 갑니다.” 라고 말한다. 제주도 서북단에 위치한 한림읍에서 작은 배를 타고 15분여 가면 닿는 조그만 섬이다.

비양도는 제주도에서 바람에 날아온 천 년의 섬이다. 섬 전체가 하얀 바다로 둘러 쌓이고 태풍이나 작은 파도라도 일렁이면 제주도로 돌아오질 못하고 푸른 하늘만 쳐다보며 하루 이틀 더 묵어도 싫증나지 않는 낙원의 작은 섬, 그래도 비양도가 마냥 좋아 떠나질 않는 섬마을 시골 정취가 물씬 풍기는 정감 있는 아름다운 신비의 섬, 비양도.

지붕과 외벽이 하얀색인 보말이야기 윤정애 사장은 왜 하얀색으로 했냐고 물으니, 자신 있게 이곳이 청와대 백악관이란다. 풍기는 외모는 바다를 벗 삼아 평생을 살아온 비바리 내음새가 물신 풍긴다. 깡마른 체구에 52년째 사는 토박이라고 본인을 소개하면서. 보말이 하도 맛이 있어 왜 이렇게 맛이 없다고 했더니, 대답은 혓바닥에 마취제 쓰고 오셨냐고 오히려 되묻는다. 보말 사장님과 비양도 이야기를 한참 하고 있는데 말하는 어투로 보아 친인척처럼 보이는 남자가 한참을 끼어 들어 이야기하더니 손님한테 “잘하라고”하며 손짓하고 간다. 잠깐 동안이지만 말하는 어투가 하도 정감이 있어 누구냐고 물었더니 비양도를 오랫동안 지키고 있는 같은 마을의 동생뻘 되는 사람이란다. 이게 도시에서는 느낄 수 없는 더불어 사는 고샅길 정인가 보다 하고 생각하니 마음 한편으로는 흐뭇하고 정겹다.

삶에서 긍정적이란 매우 중요하다. 그 삶에는 누구도 느끼지 못한 향기와 풍요가 가득하다 살다보면 흔들리며 피는 꽃도 많으리라마는 삶의 진한 향기가 나는 꽃도 많다. 고난을 벗삼아 즐거움과 보람을 찾으려는 소시민들의 모습이 진정으로 향기 나는 꽃이라 할 수 있다. 때 묻지

않고 흘러가는 삶을 그대로 받아들이는 순응과 긍정의 삶 말이다. 3시간여 머무는 배 출항시간에 맞추느라 바쁘게 산 정상과 해안가를 한 바퀴 둘러보는데 섬이 아니라 전체가 하나의 예술품이었다. 멀리서 파도에 밀려 작은 배는 어리광부리듯 숨을 가쁜히 쉬며 수평선으로 이끌려 간다.

제주에서 돌담을 쌓는 이유는 말들이 작물을 헤쳐서, 이를 방지하고자 쌓아 놓는 단다. 이따금씩 제주에 가지만 푸른 하늘과 구름 그리고 떠있는 바다만 구경했는데, 이번 여행에는 제대로 한 것 같다. 토박이 해녀를 만나 구석구석 다니면서 제주의 숨은 이야기들을 들을수 있었으니. 낮은 파고에도 출렁이는 파도처럼 비양도 사람들의 삶은 출렁이는 파도 위 로 하늘을 훨훨 날아 푸르른 창공을 바라보며 지나온 날들을 뒤돌아보고 있을 것이라 생각하니 덩달아 평온함을 느낀다.

하늘을 난다는 것은 세상 구경을 제대로 한다는 것이다. 때로는 거꾸로 매달려 보면 새로운 시각의 또 다른 세상을 만날 수 있다. 글을 쓰고 사진을 알고 나서 자연을 보는 시각이 달라짐을 실감했다. 비행기에서 내려다보는 뭉게구름은 하얀 활화산처럼 보인다. 그들은 산허리를 감싸고 골짜기로 흐른다. 바다와 어울려져 있는 푸른 산을 함께 보는 것은 삶의 묘미를 느끼는 향연이다. 저 먼 발치 아래 아파트들이 뾰족한 송곳처럼 서 있다. 그들은 서서히 지나치고 안개처럼 다가온다. 바라다 보이는 구름의 모습은 시시각각으로 달라져 어찌 표현할 언어가 생각나질 않는다. 한마디로 꿈속이다.

비행기는 하늘을 나는 것이 아니라 그냥 떠 있다. 햇빛이 아파트 단지에 비추어 반짝인다. 지상에서는 네모난 흉물처럼 보이는 것들이다. 바닷가에 널리 펼쳐져서 김을 매는 어장들은 다이아몬드처럼 서 있고, 검푸른 바다는 겁에 질려 있다. 하늘에서 본 바다의 하얀 파도는 조그만 점으로 다가와 무수한 별빛처럼 반짝인다. 비양도를 여행하면서 마음 한구석 미련이 남지만 그 섬을 지키는 사람들과 함께 생각이 머물러 있는 한 언제나 한마음이라는 것을 피부로 느낀다.

백두산이 기다린다

백두산 천지를 가는 길은 멀다. 중국 장춘을 경유하여 백두산 천상호텔까지 10여 시간, 남겨둔 직장 일이 아른거리지만 마음은 벌써 백두산 정상에 와 있다. 국도를 달려 협소한 도로로 들어서는 길에 차가 갑자기 멈춰 선다.

더위와 노동에 지친 조선족 노동자가 길가에 누워서 태연히 낮잠을 잔다. 또다시 한참 가다 다시 멈춘다. 또 무슨 일이거니 하니 화장실이 따로 없으니 가는 도로 중간에 화장실 가란다. 남자는 길거리에 여자는 나무 숲가지 뒤에서 중국의 실제 화장실은 가슴 높이의 칸막이가 고작이고 천정도 없으며 화장실 바닥에 구더기가 많아 발을 디딜 틈이 없다.

목적지인 천상호텔(해발 2,000m)에 밤늦은 시간에 도착하니 모두들 왜 왔나 싫어하는 눈치다. 말이 호텔이지 침대는커녕 욕조도 없고 욕조 물이 졸졸 흐르다 만다. 잠을 설치고 천지를 보는 설렘으로 호텔을 출발하여 노천유황 온천지대를 지나자 장백폭포의 시원한 물줄기가 여행객들을 황홀하고 아름다운 전경으로 눈길 모아 반긴다.

장백폭포의 시원한 물줄기를 보며 급경사 계단을 오르니 백두산의 웅장함과 신비로움이 눈앞에 파노라마처럼 펼쳐진다. 선뜻 말로 형언하기가 어렵다. 한마디로 환상의 순간이랄까? 세상은 호사다마라 했던가.

같이 동행한 중국인 현지 가이드가 천지 입구에서 기념품 판매하는 중국 잡상인들로부터 집단 구타를 당해 머리에 유혈이 낭자하고 상의가 온통 핏빛으로 물드는 불상사가 났다. 나중에 들어보니 중국 잡상인들이 장사가 안 되면 괜히 가이드한테 시비를 걸어 싸움하는 것이 일상이란다. 일종의 상술이라나, 순간 아찔했다.

잡상인들의 방해와 당국의 북파 산행 불허가로 짚차를 타고서야 천문봉에 올랐으나 운무가 모든 것을 삼켜버려 천지는 고사하고 시커먼 구름만 바라보다 아쉬움만 남긴 채 하산을 한다. 천지 아래는 한여름이지만 백두산 정상에는 초겨울이니 복장과 여벌옷 그리고 먹을 것을 철저히 준비해야 한다는 조선족 가이드 말을 새기며 잠을 청했으나 잠이 오질 않는다.

산행 중 잃어버린 핸드폰 생각으로 밤새 뒤척이다 한숨도 못 잤다. 새벽 2시에 깨어보니 창밖은 장대비가 내린다. 무작정 기다리는데 장대비도 새벽녘에 언제 그랬냐는 듯 멈추어 그리던 서파 종주 산행을 한다.

출발 전 준비한 도시락과 과일, 물 등을 대충 챙기고 소천지에서 출정식 겸 기념촬영을 마치고 시원한 새벽공기를 가르며 소천지에 이어 서파 종주 길에 오른다. 조선족 가이드가 선두에 서서 등산로를 따라 한 걸음씩 오르니 발아래에는 이틀간 묵었던 천상호텔이 먼 발치 아래 내려다보이고 저만치 앞서가는 등산객들의 뒷모습은 백두고원의 푸르름과 더불어 수없이 날아드는 운무와 어우러져 한 폭의 그림으로 다가온다.

왼쪽으로 펼쳐진 백두산 천지와 북녘 땅에 자리 잡은 최고봉인 장군봉의 웅장함에 흠뻑 취하고 오른쪽으로 펼쳐진 서백두 고원은 알프스의 푸른 초원보다도 훨씬 오색

영롱하고 멋진 모습으로 우리 곁에 다가왔다.

장군봉에 기대어 있는 순간에도 운무가 감싸고 서백두의 드넓은 고원과 천지를 아름다운 형상으로 수놓는다. 차일봉, 녹명봉을 거쳐 제1봉인 백두봉(2,693m)이 눈앞에 다가왔다. 백운봉을 감싸고 있는 급경사를 오르니 여기가 백운봉 정상이요 하늘이었다. 정상에 서니 잠시 운무가 거치고 천지가 열리며 발치 아래 운무가 3단으로 나를 감싸고 있고 그 옆에 천지연의 웅장하고 찬란한 모습이 하늘에 두둥실 떠 있다. 이내 순간적으로 나와 단 둘이 마주한 듯 보이더니 이내 황홀경으로 빠져든다.

백운봉 정상에서 보는 천지는 다른 수식어가 필요 없다. 널린 야생화들, 아름다움 그 자체다. 파노라마 영상 같은 백두산 천지와 드넓은 푸른 초원지대를 바람과 구름이 잠시도 똑같은 그림으로 놔두질 않고 연신 멋진 모습으로 연출한다. 백운봉을 하산하여 가장 난코스인 망천루에 도착하니 등산객들이 환상적인 날씨와 천지의 아름다움에 흠뻑 빠져 있다. 망천루에서 보는 천지는 그야말로 너무나도 선명하고 아름다워 매순간이 감동 그대로의 모습이다. 맑은 천지를 보는 행운은 1년 중 10여일 밖에 안 된다는 조선족 가이드의 말을 뒤로 하며 긴 산행으로 무릎은 아프지만 발걸음은 가볍기만 하고, 약속장소로 내려와 회원들의 따뜻한 격려와 환영을 받으니 쌓인 피로와 무한한 행복감은 하늘을 향해 훨훨 날아갔다.

오늘도 백두산 종주의 환상적인 모습을 항상 간직하며, 동반자의 '좋은 산은 아무에게나 보여주지 않는다'는 말을 되새기면서 행운이었고 감사한 마음이다. 지금도 그 산행에서 얻은 값진 인생의 짜릿한 감동이 나에게는 버겁고 두렵기만 했던 산행과 교차하며 매번 일상의 어렵고 힘들 때 든든한 힘이 되고 있다. 새로운 감동의 시간을 맞이하고자 하는 산을 좋아하는 사람들은 한 번쯤 백두산에 안겨보아도 괜찮을 듯싶다.

－종주 산행일 : 2006. 7. 29～8. 2(4박5일)

흔적을 찾아가는 시간

삶에서 거꾸로 매달려 보면 그간 보지 못했던 사람과 자연들의 만남이 즐거움이 되는 시간들을 찾는 기쁨으로 하루를 시작한다.

글을 쓰다 보니 나도 어린 시절의 이야기를 많이 떠올리고 있다는 것을 알았다.
나는 평소에 어린 시절, 특히 고향에 대해 거의 생각하지 않고 살아온 것 같다. 가난한 환경에 내가 하고 싶은 일들을 펼치기엔 주변이 그리 넉넉지 못했고 알려주는 이들도 거의 없었다.

그런데 꿈을 꾸거나 시간이 흐를수록 어릴 적 내 고향에서 일어났던 일들이 생생하게 나타나 자주 고향 이야기를 쓰게 된다. 존경하는 백교 권혁승 회장님과의 만남도 우연한 기회에 어릴 적부터 글을 쓰는 것을 좋아했던 이야기로 시작되어 아버님에 대한 고향 이야기를 쓰게 된 것이 문단과의 인연이다.

늦은 만큼 일상을 통째로 글을 쓰는 일에 흠뻑 빠져 살려고 노력한다. 주말이면 홀가분하게 배낭 메고, 카메라 목에 걸고 즐기는 산으로 향하면 다 내 세상이다. 걷는 고샅마다 구석구석 나뭇가지와 돌부리에도 나의 흔적이 흥건히 배여 있고 살아 있음을 눈빛으로 느낀다.

인왕산과 안산 자락길을 걸으며 살아온 수많은 날들과 시간에는 내 경험과 정서들이 겹겹이 포개져 있다. 이런 것들이 내 안에 내재한 상상과 생각이 덧붙여지면 나만의 글이 되고 삶이 된다.

글을 쓰는 시간은 이제 나에게 행복이자 달콤하고 향기로운 날들이다. 그 향기로운 시간들을 혼자가 아닌 마음이 따듯한 사람들과 함께 나누고 싶다.

2018년 가을 **최민옥**